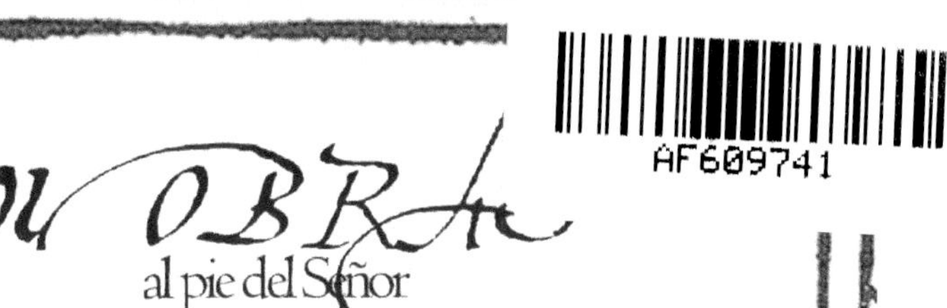

La Obra
al pie del Señor

Maestra Mariela de Casa Grimorio

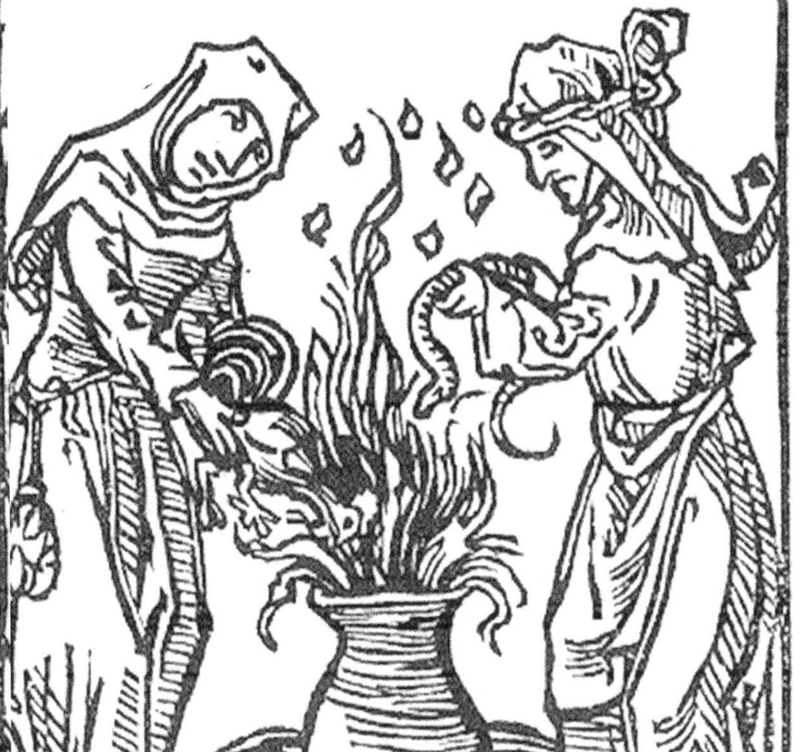

Biblioteca de lo Oculto

La brujerŠa es un mundo que encierra en sus fronteras lo bueno y lo malo; lo único que le hace cambiar su sentido es la raz𝒮n por la que la usamos:

Medite y piense en lo que estÔ a punto de hacer...

Mariela, Maestra del Amarre Negro

Tel. 4148.5494
casagrimorio@gmail.com
Cd de Mexico

Introducción

La religión antigua no siempre estuvo practicada abiertamente en nuestro país, los practicantes siempre eran condenados y señalados como tocados por el Demonio.

Lo que a continuación leerán es solo un brevísimo compendio de Notas y apuntes que a lo largo de mis muchos años de experiencia he recopilado. No solo por lo que yo misma practico y aprendo, si no también por lo que otras hermanas mometzcopiniani (*brujas en náhuatl*) me han compartido y aquí les hago de su saber.

Todo el que se diga estudioso o Brujo practicante encontrara aquí no solo un breviario recetario; sino un Manual de Hechicero.

Primera parte

OBRAS Y EMBRUJOS

1.- PARA QUE VENGA

Tomaras 3 huevos, y estos los romperás en cada esquina de la casa donde la persona vive o por donde es seguro que pase

El cuarto huevo se echa en una taza blanca y se pone debajo de la cama, llamaras a este huevo como si fuera la persona misma y cuando esa persona regrese, dicho huevo se entierra en un cruce de caminos.

2.- OTRO PARA ATRAER.

Necesitaras 3 huevos, 7 hojas de campana, un gallo, maíz tostado, manteca de puerco, una cazuelita pequeña, anilina azul y una botella.

Se le hacen a los huevos una cruz con la manteca de puerco y dos cruces de anilina llamando a la persona y hablándole al anima sola, pónganse enfrente de una vela grande blanca. Se toman las hojas de campana y se van machacando llamando a la persona, tomen la cazuela, y se echa un poco de agua, agregándole los tres huevos, añadiéndole las hojas machacadas encima de polvo de rata, poco de pescado, manteca de puerco se deja ahí por un rato. Entonces se le da un gallo al suelo, pidiéndole al ánima sola

3.- OTRO PARA ATRAER.

Necesitas un huevo, 5 velas, tela negra, una calabaza, aceite de máquina. 5 agujas, 5 portillos de miel de abejas, 5 pomitos de Palmacristi, 5 pomitos de aceite de comer, 5 bollitos, pimienta de cocina de la china-

Escribe en un papel de estraza el nombre de la persona dentro de la calabaza, el nombre y apellido de la persona se atraviesan con las 5 agujas, llamando a la persona y pidiendo, se echa dentro de la calabaza y encima se echan los demás ingredientes. Se envuelve en una tela de algodón (preferentemente) color negro y se pone tres días frente al justo juez o frente a la imagen del ánima sola. (*Pueden comprar una imagen preparada en la Boutique casa grimorio*) encendiendo tres velas rojas pequeñitas. A los tres días se lleva a la orilla de un río y se entierra la calabaza, estando ahí, encenderás alrededor de la calabaza cinco velas y llamaras a la persona tres veces cuando se está enterrando la calabaza. Esto se hace en un río que corra.

4.- PROBLEMAS EN EL TRABAJO

Consigue dos codornices, cascarilla de huevo de paloma molido, hojas de romero.

Una vez que tengas todo listo; mataras las codornices y se las das a la imagen del Anima Sola que ya este curad a y rezada y después de un rato se le quita esa sangre y se le echa un poquito de agua, regando esa sangre sobre el nombre de los jefes que quieras dominar, o a los que les quieras pedir un favor. Con las puntas de las alas, las rajas de romero y la cascarilla se tuesta todo y se hace un polvo. Se reza y se hacen siete paquetitos y se ponen bajo la Imagen del Pingo que también debe de estar Preparada y Curada; todo esto durante siete días y luego se sopla un de los paquetes por donde pasan los jefe.

5.- PARA DOMINAR A UNA MUJER U HOMBRE.

Necesitas siete clases de bebidas, una piedra de imán. Cacahuates, listones de colores, uñas de los pies, pelos de la cabeza y de debajo de los brazos:

Se amarra el nombre de la persona con las cintas, se le pone arriba la piedra de imán, se le echan las bebidas y se le cubre con limadura de hierro y se pone al pie de la imagen del Pingo, se le reza y se le enciende una vela negra, pidiéndole permiso a los espíritus de cada persona, después se pone el nombre del que amarra abajo y el otro arriba, debajo de un vaso. Se invocan a las Siete Potencias y se le pone en alto con siete cucharaditas de azúcar. Se le pone el nombre de los dos en los cacahuates y se los traga enteros, cuando los devuelve con lo que se le pegue, los pelos y las uñas, se hacen unos polvos, se tuesta y se sirve en un paño fino, los reza al pie del Pingo y se les da en la comida. A los siete días se echa una piedra en una lata pequeña y se entierra y todos los viernes se echan tres clases de bebidas y se le reza la Oración del Imán:

> *Piedra de imán, así con el poder que tienes, que fulano de tal no se separe de mi, que viva borracho de amor por mi.*

6.- LÁMPARA PARA ATRAER.

Una cazuelita, Mercurio, precipitado rojo, agua ardiente, manteca de puerco, Miel de Abeja, aceite de comer.

Con esto harás lo siguiente: Se escribe el nombre de la persona, se pone en una cazuelita honda, se le echa encima Mercurio, agua ardiente, manteca de puerco, Miel de Abeja, aceite de comer. , todos los días a las 12 de la noche rezarle la oración del Anima Sola, o Rezarle al Pingo. Esa persona tiene que poner el nombre del interesado en la suela de los zapatos y llamarlo tres veces, dando tres patadas, después que se logre ese trabajo se le pregunta al Anima sola que Quiere.

7.- PARA UNIR A LA FUERZA.

Consigue muda de ropa interior de cada uno, que este usada, Recuerda que en la Brujería todo lo relacionado o que haya tenido contacto directo con la persona es como si fuera la persona misma. una piedra de imán y tres clases de palos santos (palo Llamao, Álamo y Para mi) 8 hojas de prodigiosa, dos huevos de paloma, agua bendita, plumas de palomas, una cajita, dos muñecos, hembra y macho.

Se cogen siete hierbas (almacigo, atiponlá, dominador, grama, guayaba, maíz, mastuerzo. En una cubeta o cazuela muele con las manos todas las hierbas en unos dos litros de agua corriente y agua bendita, agua de coco, agua de lluvia. Después se cuela y se echa en otra cazuela, se lava todo menos la ropa y al poco rato se reza. Después se echan en una cajita el nombre de los dos, en cruz y se toma el algodón, se abre dentro de la caja y se le coloca arriba los muñequitos, se tapa con algodón y después se tapa la cajita con tres clavos en cada costado, en el centro, al hacer esto se habla con el Pingo y se le hace saber lo que se quiere. Después se cogen las dos mudas de ropa, una sobre otra y se cubre con hilo negro y blanco. Se deja tres días al pie de la imagen del Señor y después se entierra en una maceta. Prende tres velas negras por tres días y ya quedo; con esto se junta a ti, a la de a fuerzas.

8.- PARA DESTRUIR UNA RELACION AL PIE DEL SEÑOR

Tres huevos de Guajolota, tres rajitas de romero, precipitado negro, mercurio, aceite de alacrán, almagre, polvo de caña brava, polvo de pimienta, cazuela de barro (dos pequeñas)

Se pone el nombre de cada uno en cruz, en cada huevo se rocía con aguardiente y humo de tabaco, se pone tres días al pie de la imagen del Señor. A los tres días se hace una pasta con el almagre y todos los ingredientes hasta hacer una pasta consistente, entonces se echan los tres huevos dentro de la cazuela y se ponen otros tres días al pie del Señor, se le enciende tres velas de cebo negras. A los tres días se toman estos tres huevos y se rompen uno en cada esquina y el otro en la puerta del individuo, y pidiéndole al Demonio se dice que según se rompan esos huevos que así se rompa la unión de ellos, la pasta se deja caer en la puerta. Entre por una calle y salga por la otra.

9.- PARA DEJAR A UN HOMBRE.

Una cazuelita, algodón, alcanfor, limón, bálsamo tranquilo, raspadura de palo amansa guapo, tres raíces de apazote, la medida del miembro, vergonzosa amarilla.

En la cazuelita escribe el nombre tres veces, si tienes semen del hombre ponlo en un algodón, encima el alcanfor, el limón en tres, bálsamo tranquilo, aceite de adormidera, raspadura de amansa guapo, con las raíces y la medida del miembro se le hacen siete nudos, todo puesto en la cazuelita, se pone delante del Pingo, prendido tres días, después se entierra y se hace un polvo con la vergonzosa y la maravilla y se le sopla detrás, los polvos se hacen el mismo día que se ponga la cazuela. Sople los polvos pidiéndole al Demonio.

10.-POLVO PARA AHUYENTAR EL MUERTO

Necesitaras Azúcar Morena, Palma Bendita.

Se tuesta la azúcar o el piloncillo se hacen tres montoncitos y estos montoncitos se ponen en papel estraza, también se quema la palma vendita hasta hacerla cenizas se ponen arriba de las puertas marcando una cruz con dos travesaños y se sopla en las esquinas polvo y se corre a los muertos que molestan.

11.- PARA QUE UN PERSONA SE VAYA DE LA CASA O DEL TRABAJO

Una lata, hojas de Hierba mora, tres precipitados (amarillo, rojo y blanco) raspadura de cuerno de venado, azufre, manteca de puerco, aceite de alacrán.

El nombre y apellido de la persona escrito en un papel de estraza, se pone dentro de la lata se le echa ceniza, tres hojas de hierba mora machacadas, los tres precipitados, amarillo, rojo y blanco, Raspadura de venado, azufre, manteca de puerco y aceite de alacrán, todo esto se echa dentro de la lata y se le pone una mecha para que todo sea como una vela de aceite y se prende por tres días, se habla con el Pingo lo que se quiere, se reza la oración de San Alejo los tres día y cada día se botan tres poquitos de agua para la calle nombrando a la persona que se quiere que se marche y diciendo: Fulano de tal, vete de mi casa, a los tres días se bota en la esquina o en el medio de la calle por donde él tiene que entran para la casa.

12. OTRO PARA LO MISMO.

Necesitaras Hojas de maravilla, de trébol, polvo de asta de venado.

Se tuestan las hojas de maravilla y de trébol, se le echa rasura de venado, se cierne y se hacen tres paquetitos. Se rezan y se ponen al pie de la imagen del Anima Sola.

Después que haya soplado el último se le da un pollito a la Imagen pero tiene que dárselo de espaldas al interesado así como de este pollo de espaldas al Pingo, así fulano de tal le de la espalda, para siempre sin que se forme tragedia, que se vaya en paz.

13.- PARA MATRIMONIO

Confecciona dos muñecos vestidos como cuando se van a casar. Con partes de tela de la ropa de cada uno; una cajita y una piedra de imán, dos ramas como de una pulgada de gruesa, un pedazo de enredadera, listón blanco y negro, agua bendita, agua de azahar, mirra, canela, benjuí y vaselina.

Se sienta al pie del señor, tómense los muñecos y se pone el nombre de cada

Persona y en las cintas también, se llama el nombre de cada persona tres veces, se enreda el listón con el nombre de ella al de él haciendo tres nudos y llamándolo tres veces en cada nudo, llamándolo como si fuera ella, que lo llama y se dice fulano ven cásate conmigo luego se ponen frente a frente y se amarran por la cintura. Después se echa agua de azahar y agua bendita y se colocan en la caja. Después se le hace un preparado de hiervas, después se lava la piedra de imán, se le pone al pie de los muñecos y terminado esto se coloca bien y se pone al pie del Señor, después que se vea el trabajo, se le cumple al Demonio, matándole un Chivo y un Gallo.

14.- TRABAJO PARA SEPARAR A DOS PERSONAS.

Un coco, tres velas, agua ardiente, cenizas, un poco de café, mercurio, precipitado

Rojo, tres palos de rompe zaragüey, sal en grano, raspadura de asta de venado, manteca de puerco y aceite de alacrán.

Se parte el coco por arriba en redondo, se echa el nombre de los descritos, encima se le echan todos los ingredientes y lo último que se echa es el aceite de alacrán.

Se le pone mecha para que sea como una Lampara de aceite y se enciende por tres dias al pie del Pingo y al tercer día se echa el contenido en la puerta del contrario y el coco lo deja caer en la esquina. El interesado tiene que darle sangre al Pingo para que le cumpla.

15.- PARA JUICIOS.

Consigue: Un pollo prieto, un par de palomas, agua ardiente, miel. Manteca de puerco bacalao, maíz. Hacha, rebaba de fierro, algodón, hilo negro y blanco, tres velas y un coco.

Primero se le pasan los animales al interesado, después se le da al Pingo de comer la lengua del pollo se le saca y se le pone al pingo sobre su cabeza. Después yodo lo que se usó se va y se deja en un cerro o en el monte.

16.- OTRO PARA JUICIOS.

Algodón, tres pedazos de miel de Abejas, bálsamo tranquilo, tres palitos de amansa guapo y un gallo.

Vas a colocar la lengua del gallo sobre el algodón, los ingredientes antes dicho y se

En vuelve bien; después se pone arriba el nombre de la persona, el de los que acusan y el del juez, se envuelve bien y se entiza con los hilos juntos. Posteriormente se pone en el suelo, se pisa tres veces y se coloca al pie de del señor. Una vez que se haya esto hecho. Deberá bañarse con prodigiosa, salvadera y quita maldición. El día del juicio, se lo lleva en el bolsillo y luego tiene que cumplir con el pingo.

17.- PARA DESBARATAR LA CASA DE SU ENEMIGO.

Caparazón de Tortuga, cangrejo tostado, chile piquín, pimienta, animales que se arrastren, como lagartijas, viborillas o insectos como los cien pies, un pellejo tostado, se recomienda sea el pellejo de la molleja de pollo. Hierva maravilla, rompe zaragüey, sal en grano, ajonjolí, polvo de hueso de muerto, casa de avispa, hierba del cementarlo.

Se tuesta todo junto, se machaca, después se reza al pié del Señor y se sopla afuera de la casa del enemigo.

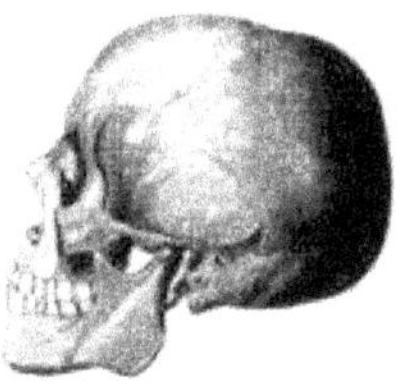

PARA SACAR A ALGUIEN DE LA CARCEL

18.-Un gallo para el pingo, también dos palomas, miel, aguardiente, maíz. Pescado y una hoja de prodigiosa. Se consiguen también varas secas, se prepara en una cazuela, tripas de puerco se dejan orear toda una noche (martes) se le echa bastante aguardiente, miel y maíz. Después Se les dan los animales al pingo y se le sacan las lenguas.

Posteriormente se les manda para el monte con todos los ingredientes mencionados. Las tres lenguas se colocan encima de un papel con el nombre de todos los que están implicados en el problema; el del Juez si es posible y el del fiscal, escritos debajo, en el mismo papel, se le escribe un letrero que diga así: Desenredado el problema y absuelto Fulano de tal. En ese papel se pone con anticipación tres clases de palo de los que usan en santería: Amansa guapo, cambia voz, baya y miel, todo se envuelve bien y junto con la hierba prodigiosa se pone encima del escrito, se envuelve bien con hilo negro y blanco, después se pone tres días al pie del Señor y dice así al momento de colocarlo: Pingo, desata a fulano de tal. ..... Posteriormente se le entrega al interesado en la cárcel para que él mismo lo desenrede dentro de la reja, antes del juicio. Esa persona tiene que darle, cuando salga, un chivo y un gallo al diablo y dos palomas al ánima sola.

19.- PARA DESBARATAR UN MATRIMONIO.

Dos huevos, anilina roja , canela, picapica, pimienta china, pimienta de guinea, pimienta gorda.

Vas a pintar un huevo con anilina y otro de canela, y se pone al pie del Señor, harás un polvo con los ingredientes antes dicho, se lo pones al Pingo y por la noche se

20.- PARA QUE L PINGO DEJE IMPOTENTE.

Una cazuelita de barro, semen del hombre, algodón, tres limones, aceite, palo Amansa guapo molido, bálsamo tranquilo, dormidera tierna, aceite de comer.

En la cazuela el nombre y apellido de la persona escrito tres veces, el semen en el algodón, y encima los ingredientes antes mencionados. Se prende tres días al pie del señor a las 12 de la noche de un día viernes. y después se lleva a una fosa que esté abierta.

21-. PARA FAVOR DEL DIABLO

Un gallo avado, miel y carbón

Se mata el gallo ahogándolo, después se abre su barriga y se le hecha miel y los carbones encendidos. Todo al pie del Señor a las doce del día y a las doce de la noche. Diario por tres dias se le reza pero el gallo solo se pune el primer día.

22.- AMARRE AL PIE DEL SEÑOR

Enseres: La plantilla de los zapatos, siete alfileres, un pedazo de camiseta, paja de maíz, amansa guapo, pelo de la persona, hilo rojo y amarillo.

Se ponen los nombres en cruz y se amarran, se forran con hilo rojo y amarillo.

Se pone tres días al pie del Señor, se sujeta con los alfileres y luego se entierra en una maceta y se le pone al señor la petición en un papel estraza o color café, junto con dos pollitos sacrificados.

23.- AMARRE CON EL PINGO

Necesitaras un corazón de una paloma, del sexo de la persona que recibirá el hechizo- siete alfileres, Un corazón de paloma, siete alfileres, aceite de almendras, aceite de comer, aceite o bálsamo tranquilo, precipitado rojo, miel, un frasco, hojas de maíz, hilo rojo y negro.

Se pone el nombre de los dos en cruz, el de arriba es el del que tiene que venir a usted. Se pone en un frasco la sangre de la paloma, se le da al pingo antes de que se muera la paloma se le saca el corazón se abre se le pone el papel escrito dentro. Lo cose con los alfileres atravesados, lo envuelve en hojas de maíz, Se envuelve con hilo rojo y el negro. Póngalo en el frasco y encima le echa los ingredientes anteriormente mencionados. Se pone al pie del señor dentro del caldero se le enciende durante tres días y después lo que queda se entierra en el monte.

24.- PARA AMARRAR

Con una ropa de la persona que este usada y una piedra imán se puede trabajar para hacer que una persona se quede con nosotros.

Necesitas hilo rojo y negro. Palo de los que se usan en santería como Llamao, Amansa guapo, pelos de los dos, palo Para mi, paja de maíz.

Ya que se tiene todo reunido Se coge la ropa sudada, se le pone encima pelos de los dos, la piedra de imán, los tres palos, una raja de cada uno. Se envuelve bien con los hilos, pidiéndole al Señor lo que se desea. Se pone tres días al pie de Eleguá y después se entierra envuelto en paja de maíz al pie de una mata.

25.- PARA QUE EL MARIDO O AMANTE DE DINERO

Para esto necesitas Una moneda salida de su bolsillo, cenizas de tabaco, una botella, rajas de llamao, mercurio, palo para mí, aguardiente, limadura de fierro, precipitado amarillo, una piedra de imán.

Con todo esto se toma la moneda y se quema diciendo: no es real la peseta, lo que estoy quemando, son las manos de fulano de tal para que me de todo el dinero que a sus manos llegue, que me lo venga a dar sin que tenga que pedírselo La moneda se echa en una botella con el nombre y apellido de la persona y los ingredientes antes relacionados y se dice: y por mucho dinero que me des menos te parezca, se tapa y se pone donde nadie lo vea ni lo toque. Se pone cinco días al pie del Señor con precipitado amarillo, una piedra de imán y limadura de fierro.

26.- PARA QUE UNA PERSONA SE VAYA

Consigue Pimienta de guinea, sal en grano.

Con todo esto lo tostaras en un comal de preferencia de barro y se hace un polvo y se pone tres días al pie del

Señor, pidiéndole; se sopla detrás de la persona que Ud. quiere que se vaya.

27.- LIMPIA PARA PROSPERIDAD

Consigue un gallo si es para hombre o una polla colorada si es para mujer.

Entonces te limpias bien con el gallo, esto debe de hacerse a la una de la mañana en el monte, ya que te limpiaste hace un hoyo en la tierra hechas aguardiente, polvo Culebra (*lo puede pedir en casa grimorio*) y carbones quemados , gritándole al señor que se lleve todo tu mal.. le echas polvo de canela y te retiras.. y tus problemas se solucionaran.

28.- PARA SUERTE.

Tela blanca, tres ajos, hierba buena y perejil.

Hágase una bolsa de tela blanca, échele tres ajos, un poco de hierba buena y perejil, páselo por siete pilas distintas de agua bendita y al mojarle diga:

Líbreme de enemigos y de todos los que quieren hacerme mal y deme salud y suerte. Después se cierra o cose la bolsita y se carga para todos lados.

29.- PARA ATRAER UNA PERSONA POR SUS PELOS.

Un listón negro de dos dedos de ancho, pelos de todas partes de la persona, aguardiente, una cazuelita, piedra de imán.

Se pone en la cinta el nombre y apellidos de la persona que se desea atraer, pelos de todas partes de la persona, se liga y se coloca un poquito en la cinta y se va haciendo nudos en cada lugar que se coloque un poquito de pelo, hasta completar siete nudos. En cada nudo se reza un credo y se menciona el nombre de la persona, después de realizado esto, es decir, los nudos correspondientes, se coloca todo en aguardiente, después lo colocas en una cazuela con una piedra imán y se le pide al Pingo y Listo

30.- CONTRA LAS MALAS LENGUAS

Esto se puedo contrarrestar con el uso de tres lenguas de animales distintos (chivo, camero, res o cerdo), sal de la cocina y miel de abejas.

Trabajo Se limpia toda la cabeza con las lenguas, después se cocina una con sal, la otra con miel de abejas y la otra sin sazón. Trate que se la coman invitados y lo que estos dejen en la mesa, de la que tiene sal se lleva al rio en un cruce de los cuatro caminos. A un monte o aun voladero. Y se le pone una vela negra al pingo a las 1 am por tres dias, empezando el martes.

31.- LAMPARA DE ACEITE PARA QUE NO DEJE DE PENSAR EN UNO.

Consigues una calabaza grande, la pintas de color blanco. Con yeso o cal. Le sacas todo lo de adentro la llenas con aceite de comer, aceite de almendras y bálsamo del desespero. Le pones una mecha y lo enciendes, antes debiste ponerle una mecha para que puedas prender la Lampara, todo esto se hace a las 12 de la noche y al pie del Señor.

Segunda parte

DESTRUCCION

AQUÍ LES REVELO

EL SECRETO DE LOS BRUJOS

COMO CONFECCIONAR UN CALDERO DE BRUJO

PARA EL CULTO AL PINGO

El Caldero del Pingo es el Implemento más Importante del Brujo o del Iniciado, será nuestro mensajero entre este plano y el Averno. Es a través de este Caldero que los humanos pueden comunicarse directamente con el mundo espiritual. El caldero contiene todos los elementos necesarios para que el Pingo se manifieste y actúe en la tierra. El Caldero es un Instrumento de Comunicación, es un micro-cosmos, este nos permitirá la manipulación de las energías y pedir los favores del Pingo. De acuerdo a las antiguas costumbres un iniciado debe buscar el mismo todos los elementos que compondrán el caldero, la verdad es que si es muy recomendable que así sea porque de esta manera se adentrara en el conocimiento de los secretos de la Brujería Mexicana.- No obstante puedes pedirle a tu Brujo Maestre, que él te lo prepare. El maestro que te entregue tu caldero, también te entregara el secreto para Controlarlo.

Ten mucho cuidado con la Confección de este poderoso Portal. Con la manipulación y práctica diaria, t sorprenderás de todo el poder que puedes Manipular.

Ingredientes.

1.- Un Caldero Grande de Hierro
2.- Agua Bendita de la Iglesia Católica Romana
3.- Tabaco en Hoja
4.- Ron
5.- Rama de ocote
6.- Rama de Pirúl
7.- Rama de Algarrobo
8.- Rama de Mistol
9.- Rama de Abeto
10.- Rama de quebracho

11.- Rama de Vispero
12.- Rama de Eucalipto
13.- Rama de guayaba
14.- Rama de pacay
15.- Rama de laurel
16.- Rama de cerezo
17.- Rama de Cedro
18.- Rama de Higuera
19.- Rama de Pino
20.- Rama de Fresno
21.- Rama de ahuehuete
22.- Rama de tule
23.- Rama de Olmo
24.- Rama de Palo Santo
25.- Rama de Palo Caimito
26.- Rama de ceiba
27.- Rama de palo Cambia rumbo
28.- Rama de Palo Diablo
29.- Siete Velas de 7 colores
30.- Veintiocho (28) velas negras de Cebo
31.- Una calavera humana
32.- Una piedra grande redonda
33.- Una piedra de obsidiana
34.- Tierra de Siete cementerios
35.- Tierra de cruce de caminos
36.- Tierra de Monte
37.- Tierra de bosque
38.- Tierra de un Hospital
39.- Tierra de una cárcel
40.- Tierra de un tribunal

41.- Tierra del Patio de su casa
42.- Tierra de una estación de Policía
43.- Siete clavos de rieles de tren
44.- Cuatro Machetes grandes
45.- Cinco caracoles preparados
46.- Cascarilla
47.- Una botella de ron Blanco
48.- Siete gallos negros grandes
49.- Huesos de la mano derecha
50.- Huesos de la mano izquierda
51.- Huesos del pie derecho
52.- Huesos del pie izquierdo
53.- Huesos de la pierna derecha
54.- Huesos de la pierna izquierda
55.- Huesos del brazo derecho
56.- Huesos del brazo izquierdo
57.- Nueve escorpiones
58.- Nueve tarántulas
59.- Huesos de gato negro
60.- Huesos de perro negro
61.- Cinco 2 kg de mercurio
62.- ciempiés
63.- hormigas rojas
64.- Un casco de caballo con su herradura.
65.- arañas viuda negra
66.- garrapatas
67.- lagartijas
68.- cantáridas (chicharras) muertas
69.- caracoles
70.- mosquitos

71.- pescado
72.- sapos
73.- abejas
74.- Avispas
75.- ranas
76.-serpiente cascabel con su cascabel
77.- Zincuate
78.- murciélagos muertos
79.- termitas
80.- Cuervo muerto
81.- Una cabeza de gallina
82.- Colibrí
83.- Una rata negra grande
84.- Una rata blanca grande
85.- Un ratón negro
86.- Un ratón blanco
87.- Cuatro flechas de fierro
88.- siete aritos de fierro
89.- trampa de ratón
90.- crucifico bendito de madera
91.- Una cadena larga de fierro
92.- Un candado
93.- Llaves
94.- jaulita de fierro

Estos son los mínimos requerimientos para tu caldero, si un brujo está haciéndote tu caldero, deberás estar seguro de que es un brujo Legitimo, el costo por destruir un caldero mal hecho, muchas veces supera el costo de uno nuevo.

Preparación

Se empieza en viernes de abril, mayo, junio septiembre, octubre o noviembre. A las 12 pm-

Coloque el caldero en un lugar donde no sea molestado durante los siete días del periodo de iniciación. Muchos Brujos buscan lugares alejados en el monte.
Pinte el símbolo de la estrella de cinco picos invertido con cal, después que la pintura se seque enjuague el caldero con agua bendita- Sopla ron dentro del caldero de hierro (tres veces) Sople humo de Tabaco. Con estos pasos, hemos Limpiado y Curado el Caldero, así estará listo para recibir los demás Ingredientes mágicos, (carga mágica)

Coloque todas las tierras dentro del caldero. agregue todo el mercurio dentro del caldero. Coloque la piedra sobre las tierras. Coloque todos los palos entiérrelos sobre la tierra después los huesos al último la cabeza (cráneo)

Terminado esto hará un circulo grande en el piso, para eso nuevamente utilice la tintura que se hizo con cal. encienda las velas alrededor, (cebo) parece frente al caldero desnudo

Y agréguele cabellos, saliva y sangre de usted.

Con el palo de Mando (bastos o férula Fulminante) dará golpes en el piso, llamando a las entidades presentes, invóquelas y pida se manifiesten. Esta será la primera prueba de que estamos listos para llamar al Pingo.

Continúe con el Llamado hasta que vea, sienta ; la presencia de los entes. Cuando esto ocurra. Preséntese. Diga soy fulano de tal. Que te llama y aclama, para que me sean benéficos en todos mis asuntos. Que lo que yo haga pida o quiera se me dé..

Otra vez repite, tal vez hasta por tres veces la salutación. Y espere, usted oirá y escuchara algo muy raro, ese es el portal donde los muertos vienen. Quédese atento lo mejor está por venir.

Sin abrir los ojos, empiece a echar polvo de azufre revuelto con canela en el caldero, échele humo y más aguardiente o ron.

Cuando usted escuche más fuerte a las presencias mátele unos pollitos chiquitos, arránquele las cabezas y eche la sangre sobre el caldero. Después despida a las entidades, sin antes presentarles el caldero y decirles que ahí tienen un aposento, un Humilde aposento para que reposen. Que siempre tendrán bebida y carbones.

Tape inmediatamente el caldero con una tela negra o roja. Y déjela ahí, diariamente a la 1 de la mañana ira a prenderle una vela de 7 colores pidiéndole a las entidades limpien su camino y atraigan prosperidad, verán ustedes como todo empieza a llegarles de la nada.

ORACIONES

LAS SIGUIENTES ORACIONES TIENEN EL RANGO DE SECRETAS... SON USADAS PARA RITUALES EN LA BÚSQUEDA DE LA ATRACCIÓN Y EL DOMINIO. PREVIAS A LA UTILIZACION DEL TABACO COMO MEDIO DE COMUNICACIÓN CON LOS ESPÍRITUS.

Invocación.

Ofrezcan los humos de este tabaco a los cinco sentidos, pensamiento y persona de (persona a la que se ofrece el ritual). Invoco a los cuatro vientos para que donde quiera que esté venga desesperado hacia mí, humilde y manso como Jesucristo llegó manso y humilde a los pies de Poncio Pilatos. Invoco a San Marcos de León para que me lo amanse de pies, manos y corazón, así como amansó al León y las otras fieras del monte.

Conjuro.

Yo te conjuro (persona a la que se ofrece el ritual)desde la cabeza hasta los pies, vena por vena, nervio por nervio como reducido te tengo a mí; espero y confío que no podrás estar con mujer alguna, si fueras a estar, tus fuerzas se han de agotar como se le agotaron al Divino Señor.
(Se hace una cruz con la mano derecha al tabaco bendiciéndolo tres veces seguidas)

Para llamar a una persona. Oración del tabaco. Esta oración va ofrecida al Santo Ángel de la guarda, por Don Juan del espíritu del Tabaco, por Don Juan del pensamiento, por Don Juan de los suspiros, por Don Juan de los encantos, por Don Juan de la calle, por Don Juan de los cuatro vientos, por Don Juan de los cinco sentidos, para que (persona a la que se ofrece el ritual) pierda un sentido, por Don Juan de las lágrimas para que (persona a la que se ofrece el ritual) bote lágrimas por mi con el permiso, de María Lionza y de todos los mojanes, con el permiso del día de hoy, si tienes pies, me busques, si tienes piernas me alcances, si tienes manos me tientes, ojos me veas como si tienes oídos me oigas, si tienes mala intención devórala, por Don Juan del humo para que con el humo del tabaco me lo hagas vencer y rendir a mis pies por la rama carmelita y Santa Marta del Monte.

Oración del ci garro

Ofrezco este cigarro con los cuatro costados y los cinco sentidos de (persona a la que se ofrece el ritual) por el santo día en que lo bautizaron y por el Santo Ángel de la guarda, por el Santo de su devoción, por el día en que lo engendraron, por el día en que va a morir, por el día en que lo van a enterrar, por los pasos que han de dar con él en el cementerio, por los siete espíritus de (persona a la que se ofrece el ritual) por los cuatro espíritus que reinan en el santuario de la Reina Margarita, por San Juan de la Calle para que nos traiga a (persona a la que se ofrece el ritual) por San Juan del Camino para que nos lo ponga en el camino de mi casa, por San Juan del Pensamiento para que solamente piense en mí (persona a la que se ofrece el ritual) y no pueda pensar en otra mujer, por San Juan de los Amores para que ponga todo el amor en mi, por San Juan del dinero para que me traiga dinero, por San Juan de los Obstáculos, para que me venza todos los obstáculos que tenga (persona a la que se ofrece el ritual) para venir a mi lado, por San Juan de los Cuatro Vientos, norte, sur, este y oeste para que me lleven el humo de este cigarro donde el frecuente hasta no estar en la puerta de mi casa, manso y humilde como llegó Jesucristo a la presencia de Pilatos; que así como me emborracha a mi éste cigarro, así quiero que emborraches a (persona a la que se ofrece el ritual) de amor por mí. Le ofrezco un Padre Nuestro y un Credo al Ángel de la Guarda de (persona a la que se ofrece el ritual) San Marcos de León bendito para que como amansó la draga y el dragón, así quiero que amanses a (persona a la que se ofrece el ritual) y el espíritu vivo de él para que lo traigan a las puertas de mi casa. Por San Juan de las Voces, para que oiga mi voz donde quiera que esté (persona a la que se ofrece el ritual) más voces por el Ánima Sola y las Ánimas ambulantes. Si tiene cabeza que me piense, si tiene ojos que me vea, si tiene nariz que me huela, si tiene boca que me hable, si tienes oídos que me oiga, si tiene corazón que me quiera, si tiene manos que me tiente, si tiene pies que me busque; que no tenga gusto mi placer si no está a mi lado, ni con mujer ni hombres hablar, ni en la cama puedas a dormir, ni en la mesa pueda comer.

Rezar tres Padrenuestros y una Salve.

Oración del tabaco de la Reina María Lionza

(Para atraer y dominar)

Se hace la señal de la Cruz y se dice: Con el permiso de Dios Todopoderoso y de la buena voluntad de los Santos espíritus terrenales y celestiales, ofrezco los humos de este tabaco:
Al juicio, pensamiento y persona; cinco sentidos, materia viva y creada y cerebro de (persona a la que se ofrece el ritual) En el día de hoy, el día que nació, el día que lo bautizaron, el día en que se ha de morir. Tres veces tembló la tierra, 3 veces tembló el mar, que así tiemble el corazón de (persona a la que se ofrece el ritual) como me piense abandonar.

Tres mil rayos tiene el Sol y tres mil tiene la Luna, que por tres mil rayos se han de reventar las coyunturas de (persona a la que se ofrece el ritual) a mis puertas. (Persona a la que se ofrece el ritual) con dos te veo, con tres te ato, la sangre te bebo y el corazón te parto.

A nombre de (persona a la que se ofrece el ritual) van ofrecidos los humos de este tabaco, válgame las palabras del bautizo, la hora en que te llevaron a la iglesia, la epístola que te rezó el Cura cuando te fueron a bautizar, el credo y el Señor mío Jesucristo que te rezaron tus padrinos en el bautisterio. San Felipe capuchino sea el patrón que te traiga a mi casa. San Juan Bautista Bienaventurado, que desde el vientre de Isabel fuiste coronado, te pido con gran anhelo, que antes de que yo termine este credo y tabaco revientes a (persona a la que se ofrece el ritual) por mi casa. María Lionza, tú que eres tan poderosa, porque Dios te ha dado ese poder, préstamelo para que sea buscad@, amad@ y anhela@ por (persona a la que se ofrece el ritual). Al espíritu de Santa Elena, para que lo haga que corra y corra que yo lo ato con la horma de mi zapato. Si efecto tú me vas a hacer, cinco señas te voy a pedir, y una de esas tú me vas a dar, y son niño llorar, gallo cantar, perro ladrar, gato maullar y puertas tocar.

(Se reza el Credo y el Acto de Contrición-Señor mío Jesucristo)

Oración de Dominio "Manso Cordero"

Yo te conjuro (persona a la que se ofrece el ritual) en el nombre de Jesús, Maria y José. Con este conjuro te re conjuro para que vengas a mi como manso como cordero y lleno de amor y atención hacia mí, criatura de Dios para que solo pienses en mí y lo hagas lleno de amor: yo te conjuro hombre mío en el nombre del espíritu de domino, te conjuro tus cinco sentidos, tu juicio, tu pensamiento, y tu voluntad: haz que (persona a la que se ofrece el ritual) quede dominado en el presente y en el futuro. Que cuando yo lo vea el me vea. Cuando yo lo oiga el me oiga. Cuando yo lo mire el me mire. Cuando yo lo toque el me toque. Y cuando yo suspire el suspire. Así sus cinco sentidos estarán atados a mí en un mismo pensamiento por Dios y la misma naturaleza. Amén.

(Rece un Padre Nuestro)

Oración al espíritu de la Persona.

Espíritu y alma de (persona a la que se ofrece el ritual), ven porque yo te llamo, yo te sugestiono, yo te domino. Tranquilidad no has de tener hasta que hayas venido humillado a mis pies, así como atravieso este alfiler en mitad de esta vela así quiero que se atraviese mi pensamiento en mitad de su corazón, para que olvide a la mujer que tenga y yo te llamo. Ángel de su día, ángel del día de hoy, ángel de la guarda de (persona a la que se ofrece el ritual) dobléguese de tal para que olvide a la mujer que tenga, venga rendido de amor a mis pies. (Se repite dos veces). Ya nombrado el espíritu se dice: Espíritu de luz que alumbra las tinieblas y las almas, alumbra el cerebro de (persona a la que se ofrece el ritual) para que se acuerde de mí y todo lo que tenga me lo de, e Impúlsalo por tus poderes para que sea esclavo de mi amor. Tranquilidad no le des hasta que a mi lado no esté.

Oración de Santa Elena

Oh gloriosa Santa Elena... Madre del gran Constantino, emperador romano. Vos que siendo hija de rey y Reina, al monte Olivetti fuiste por vuestro entrañable amor al divino Jesús. Yo quiero vuestra poderosa intercesión para conseguir lo que deseo Estos tres clavos de Nuestro Señor, imitación de los que poseísteis, dispongo de ellos en la forma que vos hicisteis. Uno lo doy a vuestro emperador Constantino por lo cual queda en vuestra bendita imagen. Otro tiro al agua como vos lo tirasteis al mar para salvación de los navegantes, y el otro clavo en este objeto dedicado para que se clave en su corazón a fin de que no pueda comer, ni en cama dormir, ni en silla entrar, con mujer u hombre, hablar ni tenga momento de reposo, hasta que por vuestra intercesión se rinda a mis plantas. Si esto que deseo me fuere concedido por vuestra meditación, yo seré toda mi vida vuestro más amante y sincero devoto, por los siglos. Amen

Oración al espíritu del Desespero

En esta hora de amargura para mi alma agobiada por la incertidumbre; yo te invoco con toda fuerza y voluntad de mi espíritu, para que te posesiones de los cinco sentidos de fe: de tal subyugándole a mi exclusiva voluntad y que solo a mí dedique su fe, amor y felicidad. Ven, Ven, espíritu del desespero, oye esta súplica que te imploro en el nombre del Padre, del Hijo y del Espíritu Santo, Amén. Se recomienda hacer lámparas con aceite de Siempre Vivas que trae la flor dentro. NOTA: Se recomienda hacer alumbrado consecutivo por 3 días utilizando Bálsamo Desespero, bañando cada vela para mayor efecto.

Rezar 3 Credos y pedir su petición. Colocar el nombre de la persona desesperada con el de uno, en cruz, sobre la vela hasta ver realidad lo deseado

Oración al espíritu del Dominio

Tu que dominas todos los corazones, domina el corazón. de.......Con el poder que tuvo Santa Marta para amansar al Dragón, así yo quiero que amarres a....

!Oh Espíritu Dominante! Con tu divino poder que Dios te ha dado haz que... sea dominado en cuerpo y alma por mí: que no pueda estar un momento tranquilo hasta que no sea dominado en cuerpo y alma y que no pueda mirar a nadie más que a mí, que su amor y su cariño solo sean para mí, que mi presencia le haga falta donde esté, qué no pueda estar tranquilo sin mí. Espíritu Dominante, domina mis enemigos con tu divino poder que Dios te ha dado. Amén.
Después de leer esta oración léase la de San Marcos

Oración para desesperar.

Hombre perro, hombre bravo, inca tu rodilla y pon tu barba contra el suelo porque antes de que tu nacieras nació el hijo de DIOS. Hambre tenía y de comer me dio. Invoco a San Marcos de león para que amanse de pies, manos y corazón a (el nombre de él) así como amansó al león y a las otras fieras del monte, yo te conjuro, vena por vena, nervio por nervio, conjurándote te reduzco a mi(tu nombre) no podrás con mujer alguna, y si fueras a estar, tus fuerzas(el nombre de él) te han de faltar. Solo conmigo podrás estar

Otra:

Glorioso San Marcos de León, Tu que amansaste al león, el dragón y el dragoncito, a extremos de hacer dormir al león al lado de tus divinos pies, así quiero que amanses y duermas a ________ y que duerma en profundo sueño, y que cuando despierte se levante pensando en mí y que me ame y quiera eternamente, asimismo amanses a mis enemigos, que tu sabes cuántos son. Para que reine la armonía entre ________ y yo y nuestros familiares, rezo con toda devoción esta oración, para que la persona que amo me estime y quiera eternamente y no quiera persona distinta a la mía.
Se enciende un cabo de vela, se rezan 3 Credos, 3 Padre nuestros, y 3 Avemarías a nombre y apellido de la persona deseada.

Oración Poderosa para el Dominio Definitivo

en nombre de dios todo poderoso, anima sola de juan minero por la razón cierta y las horas que se están dando, te ido me metas en el corazón de________santo angel de la guarda de________tranquilidad no le des hasta que a mi lado este, santo oh santo de mi devoción que me tome cariño he ilusión, san salvador de Orta que se contente conmigo que importa lo que paso anima sola de Juanito minero que me lleve siempre en su corazón y en el pensamiento que acepte que______lo quiere, santa Inés del monte perdido devuélveme el cariño que se ha ido, espíritu, cuerpo, y alma de_______que desde este momento no tenga más ilusión que por mi______que su amor, su cariño, su fortuna, sus caricias, sus besos todo_________sea nomas para mi_______cuerpo y alma de______no ira a ver a ninguna otra mujer más que a mi______en nombre de dios todo poderoso por la sombra de la noche y por la luz del día, te pido que los malos espíritus se retiren, mi suerte cambie, y lo que yo desee se me conceda. si________estuviese en la casa de otra persona mi voz llegue a sus oídos a perturbarlo no lo dejes tener sosiego, ni tranquilidad, ni con amigos, ni con mujer, paseando, comiendo o trabajando y deningún modo que este y venga a mi como vino nuestro señor Jesucristo al mundo.

Más Trabajos

Para remover brujería

Esta limpieza es especialmente fuerte, debe estar muy bien espiritualmente para limpiar a alguien.

1. Catorce (14) velas blancas.
2. Cascarilla.
3. Ron.
4. Tabacos.
5. Cebollas blancas.

6. Coco.
7. Agua Bendita.
8. Gallo Negro.
9. Tela roja o blanca.

Ralle la pulpa del coco y colóquela en un envase grande. Añada el polvo de los palos y el agua bendita al coco rallado y mezcle. Dibuje un círculo grande con cascarilla, alrededor de la persona. Prepare rodajas de cebolla blanca y colóquelas sobre el círculo de cascarilla. Coloque las catorce (14) velas blancas al rededor del círculo. Encienda el tabaco y sople el humo dentro el caldero. Rocíe el caldero con ron soplado desde su boca, La persona debe estar en el medio del círculo con los ojos vendados y completamente desnudo(a).

Encienda las catorce (14) velas blancas. Y pídale al pingo que se lleve lo suyo. Sople el humo del tabaco en el círculo y alrededor de la persona.
Rocíe ron soplado con su boca sobre el cuerpo de la persona. Tome el gallo negro y limpie el cuerpo de la persona con él. Después de limpiar el cuerpo de la persona con el gallo negro, degollé el gallo y vierta la sangre sobre el caldero. Tome la pasta de coco y aplíquela sobre la frente de la persona. Ate la cabeza de la persona con la tela roja o blanca, asegurándose de que la pasta no se caiga. La persona debe dormir con esta mezcla por una noche. La persona debe colocar su ropa vieja en una bolsa grande de papel junto al cuerpo del gallo. Permítale a la

persona vestirse con ropa blanca nueva. La mañana siguiente la persona debe tomar un baño espiritual consistente en leche, cascarilla y agua bendita.

Contra la ley

Esta limpieza es usada para remover a una persona de los senderos de la ley.

1. Doce velas negras
2. Agua bendita
3. Aguardiente
4. Polvo de los muertos
5. Leche
6. Dos (02) gallos negros
7. Tabaco
8. Una ponchera metálica grande
9. Gis o cal

Procedimiento:

Mezcle el agua bendita, la leche y el aguardiente en un envase grande. Haga un círculo grande usando Gis blanco. Coloque las velas negras alrededor de la parte externa del círculo. Coloque la cazuelita metálica en el centro del círculo. La persona debe Permanecer de pie, desnuda frente al caldero. Vende los ojos de la persona. Encienda las velas Limpie a la persona con los gallos. Preséntele el gallo al espíritu del caldero y degüéllelo. Deje la sangre gotear sobre el caldero. Tome el otro gallo y limpie el cuerpo de la persona. Después de limpiar, degollé el gallo y agregue su sangre a la mezcla de agua Bendita (01). Bañe a la persona desde la cabeza con esta mezcla. La persona debe vestirse con ropa blanca nueva y ser presentada al Señor.

Hechizo para destruir (cuidado)

Este hechizo es usado para destruir las bases de una persona. Es tan poderoso que aún el más experimentado santero o palero, tendría dificultad para removerlo de una persona. (NO HAY ANTÍDOTO PARA ESTE HECHIZO.)

1. Una botella oscura grande
2. Vinagre blanco
3. Orina de la persona
4. Palo vence batalla
5. Palo de los muertos
6. Polvo de muerto
7. Polvo de escorpión
8. pólvora
9. Un limón
10. Setenta y dos (72) alfileres
11. Vela negra

Siempre comience por saludar a sus espíritus. Escriba el nombre de la persona tres veces en un papel marrón. Corte el limón a la mitad, pero no lo separe. Doble el

papel con los nombres y colóquelo dentro del limón. Inserte los setenta y dos (72) alfileres en el limón, asegúrese de que éste no se abra. Coloque el limón dentro de la botella oscura. Vierta el orine en la botella.
Coloque los palos vence batalla y muerto, dentro de la botella. Añada el vinagre en la botella. Agregue los polvos de escorpión y de los muertos a la mezcla líquida de la botella. Tape la botella y agítela siete veces. Vaya al cementerio y excave un hueco mediano sobre una tumba. Abra la botella y agréguele la pólvora. Entierre la botella en la tumba.
Encienda una vela negra y colóquela en el centro del montículo de tierra. Cuando vuelva a su casa, es necesario tomar un baño de limpieza para remover cualquier vibración negativa que haya podido ser recogida en el cementerio.
Nota: Este hechizo, usualmente tiene efectos rápidos. Usted debe ver como este hechizo provocará sus efectos dentro de un lapso de (07) siete días.

Para dominar a la persona

1. Una imagen de cera negra (vela).
2. Aceite de dominación.
3. Palo aceituno.
4. Palo uña de gato.
5. Hilo rojo
6. Hojas de caña de azúcar.
7. Cascarilla.

8. Doce (12) velas rojas pequeñas.

Talle el nombre de la persona tres veces en la vela (imagen de cera). Unte (vista) la imagen de cera con aceite de dominación. Usando el hilo rojo, amarre los palos: aceituno y uña de gato a la imagen de cera, Tome las hojas de caña de azúcar y envuelva completamente la imagen y los palos Envuelva las hojas de caña de azúcar con el hilo rojo de modo que las hojas queden completamente cubiertas por el hilo. Dibuje un círculo mediano alrededor de la figura de cera usando cascarilla. Coloque las velas alrededor de la parte externa del círculo. Encienda las velas. Deje que las velas se consuman completamente. Coloque la figura de cera cerca del caldero de su espíritu. Tan pronto como usted tenga esta imagen mágica de cera cerca de sus espíritus, éstos le permitirán dominar a la persona así como a su ángel de la guarda. Si este paquete (imagen de cera envuelta) es abierto, el hechizo será liberado.

Para separar

Este hechizo se utiliza para romper noviazgos, amistades y matrimonios.

Polvo de los Muertos. Catorce (14) uñas largas. Sal negra. Tres (03) limas (limones) pulverizadas. Leche. Dos (02) imágenes (velas). Hilo negro. Siete (07) velas negras pequeñas. Un tarro o frasco de boca ancha. Tierra muerto. Lleve las velas (figuras) a una iglesia católica y bautícelas con agua bendita, colóqueles los nombres de las personas a separar. Talle los nombres de las personas en las imágenes de cera. Las dos imágenes no deben darse la cara una a otra. Usando hilo negro, amarre las dos figuras y los palos lo más apretado posible. Ponga las figuras dentro del tarro ó frasco. Coloque las siete (07) uñas dentro del frasco. Coloque los limones pulverizados y el Palo de los Muertos dentro del tarro ó frasco. Añada sal negra y leche a la mezcla. Tape el frasco y coloque sobre éste la vela negra. Encienda la vela. (Puede encenderse una vela diaria por siete días (07). Pulverice un poco de chile piquin y colóquelo en un saco pequeño. Agregue las otras siete uñas y la tierra de los muertos al saquito. El séptimo día del hechizo, lleve esta mezcla y espárzala cerca de la casa de la persona. **Nota:** Este hechizo debe ser hecho entre las horas 9:00 p.m. y 12 .00 p.m. media noche. Pasarán diez (10) días antes de que los conflictos comiencen entre estas dos personas.

Para enfermar

Vara de Pino.
Chile Mulato.
Palo Diablo y Ocote.
Agua sucia de la calle.
Catorce (14) lombrices de la tierra.
Siete (07) velas negras.
Un tarro o frasco mediano.
Aguardiente.

Tome una foto de la persona y escriba sus nombres en la parte trasera de la foto tres veces. Coloque la foto, y los demás ingredientes, dentro del frasco. Vierta el agua sucia de calle y el Aguardiente dentro del frasco. Coloque las catorce (14) lombrices de tierra dentro de la mezcla líquida. Tapar el tarro ó frasco. Invoque el espíritu del caldero. Encienda una vela negra cerca del frasco por siete (07) días. Después de siete días lleve el tarro o frasco al cementerio entiérrelo sobre una tumba. La persona usualmente desarrollará severos problemas estomacales o intestinales. Este hechizo solo puede ser revertido mediante una fuerte ceremonia o baño de limpieza santero. Si la persona no cree en santería o palería, es seguro que esta afección gastro-intestinal, pueda devenir en problemas de salud aún más graves.

Para destruir lo laboral

1. Palo Diablo.

2. Palo Muerto.

3. Sal Negra

4. Tela Negra

5. Vela Negra.

6. Hilo Negro.

7. Polvo de Toro.

Escriba el nombre de la persona en un papel marrón tres veces. Envuelva apretadamente los palos Muerto y Diablo con el papel. Amarre los palos con hilo negro y Coloque los palos sobre la tela negra. Coloque el polvo de toro y la sal negra sobre los palos. Envuelva los palos junto con el polvo de toro y la sal negra en la tela negra. Coloque el empaque de tela en un plato de terracota. Encienda las velas. Invoque a los espíritus oscuros. Después de que las velas se han consumido, empape el empaque o rollo de tela con líquido combustible. Ponga el empaque en el fuego. Luego de haber terminado de arder, pulverice los residuos hasta obtener un polvo fino. Lleve el polvo y espárzalo en el lugar de trabajo de la persona. Si puede, trate de colocar un poco de este polvo en los bolsillos o ropa de trabajo de la persona.

Para triunfar de un rival

Un día martes, apenas el reflejo solar asoma, la persona interesada debe de ir junto a la ribera y extraer un litro de agua. Luego escoge unas matas. Acto continuo se dirigirá a unos doscientos metros del sitio precedido. Allí hará una fogata y con el agua recogida apagará al final aquel fuego, que viene a ser la muerte de aquel amor. La oración que va a continuación debe decirse al ejecutar el citado trabajo:

"Luz de mi vida, por los espíritus de Adonay, Cloim, Ariel y Jehová, que este amor puro y sincero que ha nacido en mi pecho con el fuego intenso de una pasión sagrada, sea mío, puramente mío y que el mal espíritu se aleje hacia lo ignoto enterrando para siempre ese amor despreciable y abominable".

(El Talismán de Venus ejerce influencia en este pedido).

Sortilegio de la piedra imán

Con un fragmento de esta piedra maravillosa y en ocasión de que digan misa, debe concurrirse a la iglesia más cercana. Al aproximarse a la pila de agua bendita, debe

ponerse un poco de sal molida sobre el imán, y se introduce en el agua diciendo, a la vez: "Imán, yo te bautizo. Imán eres, imán serás y para mi fortuna y suerte te llamarás".
Hecho esto se arrodillará en la parte central de la Iglesia, teniendo la piedra en la mano, se rezará un credo.

Debe hacerse con toda devoción. Se va a su respectiva casa, se toma una bolsita de lana encamada y se reza la presente oración:
Hermosa piedra imán, mineral y encantadora que con la Samaritana anduviste; a quien suerte, hermosura y hombre le diste; yo te pongo oro para mi tesoro, plata para mí casa, cobre para el pobre, coral para que se me quite la envidia y el mal trigo para que ... sea mi marido.
(Decir el nombre de la persona por quien se hace esta oración).

Para esta clase de ceremonia ha de tenerse limadura de acero, plata, cobre y unos granos de trigo. Todo así convenientemente preparado debe ir en la bolsa antedicha. Por lo general el día Viernes es el más apropiado para esta operación.

En ese día y mezclado en aguardiente ha de introducirse la piedra Imán en un vaso de tipo común, a la par que ha de decirse esta oración:

¡Oh hermosa piedra Imán y mineral! que con la Samaritana anduviste, suerte y hermosura para los hombres le diste, y me darás suerte y fortuna.
La piedra debe ser depositada, acto seguido, en su correspondiente bolsa, echando dentro de la bolsita unas limaduras de acero. El aguardiente y limadura debe adquirirse continuamente, en particular este último, para que aquella no muera y mantenga su vitalidad, pues de lo contrario irá perdiendo su valor eficaz y el estado de la piedra no dará el resultado esperado.

Para hacerse amar locamente

De la persona interesada debe obtenerse un cabello.
Con él deben de hacerse dos cortes, luego decir: "Por Eloy, Milech y Venus, fuerzas magistrales de mi divino amor y para que tu consagración a mi alma sea definitiva yo te ruego por sus espíritus superiores tu hechicera pasión y que el nombre de... vuelque hacia mi sus mejores afectos". Luego en una hoja de papel Pergamino virgen y con la pluma de auca macho, debe escribirse con tinta
mágica el nombre y apellido del elegido del corazón.
La oración que va entre comillas debe decirse durante siete días y dentro de las ocho y nueve horas de la mañana.

Para dominar a los hombres

El Talismán domina tur o sea La Llave de los Pactos, ejerce un poder supremo en los espíritus. Mucho se ha hablado sobre el poder de esta reliquia, pero cuanto se ha dicho, poco es para darle el alcance y significado que le corresponde a tan preciada y significativa llave, pues ésta es la que abre por lo general las puertas a todas las
Personas que por una u otra inclinación quieren dedicarse al insondable misterio de las ciencias ocultas. Esta es la que Salomón empleaba para substraer hacia sí y redimir a todos aquellos espíritus que por una u otra circunstancia acudían ante el sabio maestro.
Esta llave formada en su tipo característico y de metal dorado debe ser llevada consigo. El día domingo dentro de **las** primeras horas es el más apropiado. Al mismo debe agregarse un pedazo de piedra Imán y diciendo a la vez:

"En el nombre tres veces santo y poderoso del Supremo Hacedor de todas las cosas, en el nombre del Hijo y Santo Espíritu, uno y trino, por la gracia concedida a los ángeles de luz, por lo que a mí me ha dado al formarme persona humana, a imagen y semejanza suya; por el poder que confirió a los siete planetas, que son: Sol, Luna, Marte, Mercurio, Júpiter, Venus y Saturno, para reinar, influir y dominar en todo cuanto hay encima y debajo de la tierra o de las aguas; por las palabras sagradas que encierra este

Talismán dominador, por los nombres de los buenos espíritus. Adonay, Elvchais, Almanab, a quienes suplico su poderosa protección, a fin de lograr, por su mediación, el absoluto dominio de las criaturas, espíritus y elementos".

Acto seguido debe colocarse en una bolsa de seda encarnada y se perfumará con polvos de incienso y mirra. Todos los domingos a la salida del Sol, se echarán en la bolsa unas limaduras de acero para alimento del Talismán y siete granos de trigo como ofrenda a los siete planetas Al colocarlo sobre el corazón se dirá:

> "¡Oh, planeta misterioso que riges y gobiernas en esta hora todos los destinos del mundo y de las cosas, tómame bajo tu protección y amparo y favoréceme con tus dones hasta la hora de mi muerte. Amén!"

Para hacerse amar ciegamente

Entre las once y doce horas de la noche la parte interesada debe dirigirse hasta el panteon Allí debe saltar el muro o la parte que circunda a éste. Dirigirse hasta donde se halla el sitio más abandonado. **De** allí extraer unos pedazos de tierra y llevarlos consigo. Al día siguiente, a las seis horas debe depositar aquella tierra en la casa de su elegido, al tiempo que dice: "Amante de mi corazón, que esta tierra arrancada del sagrado recinto donde reposan los que en esta vida ofrendaron su amor y dicha por sus hermanos espirituales, sirva para que ese amor nacido en mi corazón bajo el influjo del planeta Venus se acreciente día a día, y que la fe y la esperanza, no destruyan al pasar del tiempo esta pasión hecha carne en mi alma y que el supremo hacedor me proteja y escude en sus brazos"

Para estar libre de los espíritus y dormir tranquilo

En el noveno mes del año y cuando el astro solar ha entrado en su mayor fulgor debéis escoger la flor de la caléndula y envolviéndola con el diente de una vaca y uniéndola con un grano de alcanfor la depositaréis en una bolsita de color obscuro. Llevar dicha bolsita por espacio de un mes y estaréis alejados de los malos espíritus y recobraréis el buen estado anterior para poder dormir tranquilo.

LA HECHICERÍA ANTIGUA

El sapo, la víbora, el gato, el lagarto y así otros animales ejercieron un poder extraordinario en el misterioso arte del embrujamiento. Cuéntese que el poderoso mago Buenoix reunía para hechizar con su fascinación personal, a determinados ejemplares, que luego sacrificaba en aras de sus anhelos. Asi se ve que el sapo con los ojos cosidos es lo suficiente para redimir el espíritu de la persona que uno desea. La víbora muerta desbarata cualquier tentativa

Que se quiera tramar sobre determinada persona. El gato negro es señal de suerte, pero hay que atraerlo consigo y tenerlo por espacio de una semana. De esta forma todo malestar desaparecerá. Así como estos animales está el lagarto y otros cuyos poderes extraordinarios en la magia son vastamente conocidos.

Hechizos para hacerse amar

Buscar dos murciélagos, macho y hembra. Aprovechar la sangre de ellos y mezclarla en espíritu de sal de amoniaco. Todo esto ponerlo en un frasquito, a fin de que éste pueda ser llevado en el bolsillo o cartera de mano. Al desear ejercer su hechizo es suficiente que una gota caiga sobre el traje o vestido de la persona consignada, para que su atención sea desde ese día su voluntad.

Para olvidar un amor

Encaminaos al cementerio y arrancad de él unas malvas. Regresad a casa y poniéndolas debajo del colchón y durante quince días, diréis lo siguiente: (Nombre). Como se marchitarán estas hojas así quiero que ese amor que un día depositas junto a mi dolorido corazón, se sepulte para siempre lo que aún queda dentro de mí. (La fe y el poder de esas palabras darán al tiempo el resultado esperado).

Para triunfar en las empresas

Muchas son las personas que se han dedicado a innumerables empresas y el fracaso ha coronado siempre a aquéllas la esperanza de sus sueños. Para eso, el Talismán de la Suerte es un amuleto que nadie debe abandonar al arriesgarse a cualquier empresa. Para ese fin debéis llevar consigo tan apreciado Talismán y podéis constatar que el factor suerte, siempre estará de vuestra parte. Las siguientes palabras deben decirse durante los días martes y viernes: "Talismán divino, que tu gracia y guía sean alicientes para que mis empresas triunfen en la vida".

Para librar a los niños del mal de ojo

Para librarse **de** esta ojeriza, que tanto daño causa entre el elemento infantil, es necesario precaverse y para tal fin, es conveniente llevar consigo un amuleto destinado a contrarrestar el influjo de ese mal espíritu. Poseyendo el Talismán de referencia y agregando al levantarse la siguiente oración, aquel mal desaparecerá: "Espíritu maligno, que a mi te acercaste, y que el mal dejaste, para hacerme sufrir; yo pido al Señor, que desaparezca, y a la vez me ofrezca un dulce vivir".

Para reconciliarse con el novio

Al retrato de! ser amado, hay que dedicarle durante una semana, tres Padres Nuestros, tres Aves Marías y tres Salves, que hay que decirlas con fervorosa unción.
Después de todo esto, ofrendarle al santo milagroso de su devoción un novenario. Completarlo con siete oraciones a la Santa Cruz de Caravaca y bendecir la crucecita antes de ejecutar este último trabajo.

Magia del gato negro

Cuando un gato negro estuviere carnalmente unido con una gata del mismo color, tomaréis una tijera y cortaréis un mechón de pelo de ambos animales. Resumiréis luego los dos mechones, formando uno solo, con el que untaréis un poco de romero del norte para quemar todo, hecho lo cual, se recoge cuidadosamente la ceniza y se introduce en un frasco de vidrio donde echaréis unas gotas de espíritu de sal de amoniaco. Conviene aplicar bien el tapón para que no se evapore el líquido.

Dispuestas las cosas de tal manera, retendréis el frasco en la diestra de la mano, mientras se dicen las palabras siguientes: Ceniza que con mis propias manos fuiste quemada y que con una tijera de acero fuiste del gato y de la gata cortada: toda persona a quien te diera a oler quede encantada. Esto por el poder de Dios y de María Santísima, su madre.

Cumplidos los requisitos, reconcentraréis en el frasco, toda la mágica energía de la voluntad, de modo que quede saturado de vuestras intenciones.

Para conseguir ser amada

Poseer el retrato del sueño dorado. A las diez de la noche y en particular el día martes, sahumar la habitación y ofrendarle al ser querido la oración consagrada a tal fin, y que dice: "Amado mío, fuente divina e inspiración de mis afectos, a tí ofrendo en este día todas mis esperanzas y que mis sueños se conviertan en realidad anhelada. Que tu
Corazón amante busque en mi, el calor inmensurable que en el mío hallará. Que Venus, protector de los enamorados, me albergue en su seno".

Para bendecir a una casa

Un día viernes y apenas el sol asoma en el horizonte, es necesario hacer la bendición de la casa. Para tal efecto debe dejarse caer sobre la parte techada unas gotas de agua bendita y al tiempo que dice: "Casa, casa bendita,
que el Señor, protector del sentimiento humano, protector de los humildes y albergue de los que sufren en esta tierra, proteja y escuda esta casa, donde la fe, el amor y la

Esperanza, rubricarán estas tres palabras. Que la ventura omnipotente se vuelque hacia aquí, para que los malos espíritus se alejen y retorne la alegría de antes". Dicho lo que precede se dirán tres padres nuestros. De esta forma la casa estará bendecida y libre de cualquier mal espíritu.

Otra receta para alejar un mal espíritu

En las primeras horas de un día domingo debe irse junto a un bosque frondoso y de uno de esos árboles, cortar cuatro ramas. Con esas ramas encender fuego a! Tiempo que se dice la oración siguiente: "Mal espíritu, que tu diabólica y siniestra figura desaparezca de mi vista y que por el tiempo de los tiempos te hundas en el insondable abismo del misterio. Que el espíritu de Lucifer acompañe tus pasos en la tierra, y que el infierno, purgatorio de los malos engendros, sea tu recompensa".

Para evitar el daño

Adquiérase el Talismán celestial cuya carátula representa el astro solar con su séquito de estrellas alrededor y rodeado de un círculo cabalístico que representa los enemigos invisibles obstaculizados en su paso por el poder Celestial y de esta forma se evitará el daño que quieran hacer en contra de uno y se evitará las malas influencias.

Para bendecir a una criatura

Ir a la Iglesia y llenar un Frasquito con agua bendita. Con esa agua persignar a la criatura y acto seguido rezar en su nombre el Padre Nuestro y el Ave María.

Para tener un alumbramiento feliz

Horas antes del alumbramiento debe colocarse en el vientre de la parturienta la milagrosa cruz de Caravaca. De esta forma se conseguirá un parto feliz.

Para callar la boca de un rival

Tómese cien gramos de aceite de oliva y sahúmese antes de proceder a la operación. Acto seguido encamine sus pasos a la casa de la persona consignada. Frente al umbral de la casa o habitación échese el líquido indicado.
De esta forma se conseguirá que la murmuradora guarde su lengua y no volverá a hacer uso de ella. Este trabajo tiene que ser ejecutado antes de las seis horas de la mañana.

Para que otro espíritu maligno no consiga dormir tranquilo

Tómese una tijera que no haya tenido uso alguno y colóquese en forma de cruz debajo de la almohada al ir a

acostarse. De esta forma se logrará que aquel espíritu no pueda conciliar el sueño durante la noche. Cuantas veces quiera hay que repetir la operación.

Para cortar la relación con su amante

En las primeras horas de un día martes y con el retrato del amante, diríjase al cementerio. Allí recogerá un poco de tierra mojada por la lluvia y regresará a su domicilio.
Allí, de una manera o de otra, estrechará la diestra de aquél. Conseguido su propósito, podrá comprobar cómo desde ese momento, ese amor se entibiará poco a poco, y de esa forma, todo aquello que fue una pasión profunda, se trocará en odio y desprecio.

Para apresurar casamientos

Los enamorados suelen ser defraudados en sus esperanzas y a veces el tiempo pasa y los años se suceden sin determinarse a algo. La pasión humana es cada día mayor, pero hay que saber por una u otra circunstancia adaptarse a la voluntad del alma. Ganar el corazón de un hombre, y si el espíritu de éste es fuerte es tarea difícil.

Para lograrlo realmente se recomienda llevar consigo el Talismán denominado Poder Magnético, cuyo anverso representa una mano y signos característicos, que los hebreos usaban para tal fin. En el reverso hay una leyenda que circunscribe al destino de este amuleto.

Contra la infidelidad

Procúrese conseguir un sapo vivo en un día lunes y cuando el astro solar no haya asomado aún y a la hora de Venus, lo pondréis a secar debidamente atado, hasta el Viernes próximo. A las doce horas del día viernes lo le haréis hervir hasta las doce de la noche. A la mañana siguiente rociar flores con aquella agua y darle a oler a la persona que os sea infiel, de esta forma podréis comprobar cómo esta persona desde ese instante os amará más que nunca y no volverá a ser infiel en e) resto de su vida.

Oración Fuerte al Justo Juez

Jesus Sacramentado, si mis enemigos vez venir, la sangre de tu costado que de ellos me ha de cubrir.

Con dos te miro, con tres te ato, la sangre te bebo y el corazón te parto,

Cristo mío valedme y dame la paz

Embrujamiento de Amor

Un sábado, entre once y doce de la noche, sirviéndote de agua de mar, llenarás una vasija de barro cocido y echarás en ella un cordel de algodón de unos 45 cm, diciendo al propio tiempo: ¡Duxgor! ¡Duxgori ¡Duxgor!

Sacarás luego el cordel y la pondrás a secar a la luz de la luna, durante ocho noches consecutivas, es decir, hasta la noche del sábado próximo, y entre once y doce reanudarás la operación diabólica. Encenderás un fogón de barro cocido y en él arrojarás un perfume satánico (al final encontrarás la fórmula) para sahumar con él la torcida.

Acto seguido tomarás la torcida y harás en ella siete nudos, recitando la siguiente invocación:

"¡Oh, Padre Satán! ¡Oh, Madre Scheva! En vuestro honor he levantado esta pequeña pira para que me escuchéis y me ayudéis (al llegar aquí harás un nudo en la torcida).

"Yo os invoco para que Fulano (o Fulana) de Tal me pertenezca en cuerpo y alma. (Harás otro nudo).

"Yo os pido con todas las fuerzas de mi espíritu que Fulano (o Fulana) de Tal no haga caso de ninguna mujer (u hombre) más que de mí. (Otro nudo).

"Yo deseo que Fulano de Tal sufra mucho por mí; que no pueda dormir ni sosegar, que mi imagen no se aparte de su pensamiento. (Otro nudo).

"Yo quiero que Fulano de Tal... (Aqui puedes pedirlo que particularmente desees de la persona que estás embrujando; otro nudo).

"¡Oh, Padre Satán.' ¡Oh, Madre Scheval.' Yo os ruego que me concedáis cuanto os he pedido y, en pago de ello, os

levantaré, durante siete sábados seguidos, a la misma hora de hoy, una pequeña pira, como la de esta noche".
(Se hace el último nudo en la torcida).
"Se guarda la torcida envuelta con un paño negro y se oculta en un lugar que nadie lo sepa ni nadie la pueda hallar. "Arrojando la torcida al fuego se destruye el embrujamiento. "Perfume satánico. Mezclar una pequeña cantidad de polvos de incienso con otra de harina y un huevo. Se añade leche, miel, alcanfor y agua de rosas, y con el todo se hace una pasta y se deja secar. Se echa a trocitos sobre las brasas".

Para hacemos amar de una persona ausente y hacerle sentir grandes deseos de venirnos a vernos

"Para realizar este trabajo de transmitir mágicamente nuestros deseos a largas distancias, es preciso poseer un objeto cualquiera que haya pertenecido por algún tiempo a la persona ausente que se trata de cautivar. Este objeto puede ser una prenda de vestir o solo un fragmento de ella, puede ser igualmente una petaca, un abanico, un pañuelo de bolsillo, etc., etc.
Cuando se esté en posesión de dicho objeto, se hará lo que sigue; Una noche, entre once y doce, en un cuarto cerrado y sin testigos, cogerás un pedazo de pergamino virgen y trazarás en él, con un pedazo de carbón consagrado, un doble circulo cabalístico, de uno a dos palmos de diámetro, según convenga.
Entre las dos circunferencias escribirás, con tinta mágica, el nombre y los dos apellidos de la persona ausente.

Alrededor del círculo colocarás cuatro candeleros, con sus cirios correspondientes, los cuales se encenderán cuando se indique. Los candeleros, que serán de barro cocido y pequeñito, deben colocarse a una distancia, aproximadamente, igual unos de otros y en dirección a los cuatro puntos cardinales.
Hecho lo que antecede, colocarás en el centro del círculo el objeto de la persona ausente y el Talismán de Venus. Luego se encenderán los cuatro cirios, por el orden que sigue; en primer lugar el cirio correspondiente a la
Parte del Norte; en segundo, el de la parte Este; luego, el del Sur, y, por último, el de la parte Oeste.
Acto seguido recitarás el siguiente conjuro:

Rápida ronca, Run Ras, Paxiforme;
Grandura, Denclifax, Panta, Silente.
Yo os conjuro por los Cuatro Vientos,
Por Tizón y por Carbón
y por cuantos demonios-hembras son:
y por el Diablo Cojuelo
para que con pronto vuelo
me traiga a ... (aquí el nombre)
en este sitio. Aqui:
y me ame sólo a mí,
Que venga, que venga,
y no se detenga
por el aire como torbellino
sin que tropiece por el camino.
Grandura, Denclifax, Panta, Silonte,

Rápida ronca, Run Ras, Paxiforme;
Se matan las luces por el orden inverso en que han sido encendidas. Este conjuro debe repetirse nueve noches consecutivas, y es más que seguro que la persona amada Comparecerá ansiosa de vernos, si una fuerza mayor no se lo impide, pero no por eso dejará de amarnos menos y procurará venir en cuanto le sea posible. El extravagante conjuro que precede lo hemos extraído de un pequeño libro de hechizos publicado en Sevilla el año de 1619. Se atribuye a una bruja muy célebre, llamada Benita.

Seguimos copiando textualmente:

Invocación, diabólica

"Entre once y doce de una noche tempestuosa, en la que los relámpagos iluminan el espacio y el trueno retumba por la inmensa bóveda celeste y silba furiosamente el viento, pondrás en un fogón de barro cocido un manojo de las hierbas siguientes, bien secas: mejorana, verbena, ruda y caléndula, y, además unas ramas de olivo, pino y sarmientos también secos.

"Extenderás unos instantes, tu mirada por los cielos, y con un cuchillo de mango negro*, que llevarás en tu mano derecha, trazarás en el espacio una cruz de San Andrés. (La Cruz de San Andrés tiene la forma de X),

"Acto seguido prenderás fuego a la leña, y cuando empiece a chisporrotear recitarás con voz enérgica y con ánimo sereno y fuerte, la siguiente invocación.

"Espíritus negros y tempestuosos que vagáis irritados por entre las tinieblas; espíritus malditos, enemigos de la luz divina, que andáis revueltos e impelidos por la furia de los elementos, yo os invoco en esta hora lúgubre para que, sirviéndoos del agitado torbellino, del viento enfurecido y del trueno retumbante, podáis acudir a este recinto, apenas iluminado por el fogón siniestro, alimentado por las siete plantas que os han de purificar. (Aquí darás un fuerte silbido.) ¡Acudid, acudid! Dadme señales. Arboles crujid. Niños llorad. Perros, ladrad. Serpientes, silbad, Maderas, crujid, Puertas, rechinad. Brasas, chisporrotead. ¡Ah malditos' Ya os presiento; ya estáis aquí.
(Echad en el fuego tres granos diabólicos). Yo os pido espíritus errantes, que Fulano de Tal ... (Se pide a los invisibles lo que se desea obtener de la persona que se ha nombrado, o bien se les obliga a que hagan tal o cual cosa Para perjudicarla).
"Una vez que hayáis formado vuestros deseos, concluiréis la invocación con las siguientes palabras'.

"Omnipotens sempiterno Deus, qui nos omnium sanctorüm. Amén".

"Los espíritus abandonarán inmediatamente el lugar.
Entonces apagaréis el fogón con agua, sal y vinagre.
"Granos diabólicos: Se componen de resina de pino, alcanfor e incienso, en partes iguales. Se mezclan estas drogas con espíritu de vino, hasta formar una pasta consistente, y se deja secar".

La invocación que sigue es muy eficaz para resolver todos los asuntos referentes al amor, pero es muy peligrosa, según nos advierte el grimorio de donde la
Hemos sacado.

ENCANTAMIENTOS PRODUCIDOS POR LAS VIRTUDES Y CUALIDADES DE LOS SAPOS

Son muy fáciles de realizar esta clase de hechizos, siendo, según San Cipriano, el que tiene mayor poder sobre todos.

En el libro de su historia como hechicero, dice que el sapo tiene una gran fuerza mágica invencible, por cuanto el demonio tiene parte con él, desde el momento en que es la comida que Lucifer da a las almas que están en el infierno.

Por esta razón pueden hacerse con el sapo los encantos y hechizos que a continuación expresamos:

Palabras que se dicen al sapo después de tener los ojos cosidos

"Sapo: yo, por el poder de Lucifer, el príncipe de Belzebuth, te cosí los ojos, que es lo que debía hacer a...

(aquí se dice el nombre de la persona) para que no tenga sosiego ni descanso en parte alguna del mundo sin mi compañía y ande ciego por todas las mujeres (u hombres, según sea el sexo de la persona a quien se trata de hechizar). Véame únicamente a mi y en mi sólo tenga su pensamiento".

"Fulano (pronúnciese el nombre de la persona), aquí estás preso y amarrado sin que veas el sol ni la luna, hasta que no me ames. De aquí no te soltaré; aquí estás cautivo, preso, así como lo está este sapo".

La olla o vasija en que se coloque el sapo ha de contener un poco de agua, la cual se irá renovando todos los días con otra fresca.

Hechicería del sapo para hacerse amar contra la voluntad de las personas y para hacer casamientos

Supongamos que una enamorada deseara casarse con su novio o, con la persona a quien quiere, aunque no lo vea, y sea cual fuere, dentro de un breve plazo: supongamos también que el individuo, a quien la mujer quiere para casarse o para unirse a él, permanece, no ya solamente frió, sino reacio por cuanto no desea el casamiento o la unión.

Puede reducírsele y hacer que cambien en primer término sus ideas y después sus sentimientos, procediendo en la forma siguiente:

Tómese un objeto del enamorado o enamorada y átese envuelto en la barriga del sapo, y después de realizada esta operación, átense los pies del sapo con una cinta roja, metiéndole dentro de una olla y orza con tierra mezclada con alguna leche de vaca. Después de practicadas todas estas operaciones, díganse las palabras que apuntamos a continuación, teniendo cuidado de colocar el rostro en la boca de la orza:

"Fulano (dígase el nombre de la persona), asi como tengo este sapo preso dentro de esta olla sin que vea el sol ni la luna, así tú no veas mujer alguna, ni casada, ni soltera, ni viuda. Sólo habrás de fijar tu pensamiento en mí; y así como este sapo tiene las piernas amarradas, asi se aprisionen las tuyas y no puedas dirigirlas sino hacia mi casa; y así como este sapo vive dentro de esta olla consumido y mortificado, así vivirás tú mientras conmigo no te casares o unieres".

Dichas estas palabras se tapa la olla muy bien tapada para que el sapo no vea la claridad del dia; después, cuando hayáis conseguido vuestro deseo soltad el sapo, quitadle el objeto que rodeasteis a su barriga sin hacerle daño, y cuidadle bien, teniendo entendido que, de otro modo, la persona sufrirá las mismas molestias que el sapo. Esta operación, igual puede hacerla el hombre que la mujer.

Receta para apresurar casamientos

Cójase un sapo negro y amárrese alrededor de la barriga dos cintas, una roja y otra negra, las cuales habrán de servir para sujetar a dicha barriga un objeto de la persona a quien se quiera hechizar, y métasele al punto en una orza de barro diciendo estas palabras:

"Fulano (el nombre de la persona), si amares a otra que no sea, yo, o dedicares a otra tus pensamientos, el diablo, a quien confié mi suerte, te encerrará en el mundo de las aflicciones, en la misma forma que yo acabo de encerrar a este sapo, y de donde no saldrás, como no sea para casarte conmigo".

Proferidas estas palabras, tápese bien la orza, refrescando al sapo diariamente con el agua que le es indispensable para su vida. El día en que se ajustara el casamiento se le pondrá en libertad, teniendo cuidado de dejarle cerca de un charco de agua y de no maltratarle, pues de otro modo, el casamiento se realizaría, sí, pero la vida se haría insoportable para ambos cónyuges.

Para causar el mal de ojo

Toma dos ojos de león macho y ponlos a orear a la luz de la luna cuando esté en su cuarto creciente. Cuando estén bien oreados, ponlos en infusión con algunos gramos de pimienta en una botella de vino blanco rancio, que dejarás al sereno, cuando la luna se halle en su cuarto creciente. Una vez verificada la infusión citada, filtrarás el vino en un trapo de lino finísimo y puro y le agregarás una cucharada de miel. Después permanecerás encerrado en una habitación donde no penetre la luz durante veinticuatro horas, al cabo de las cuales beberás un cortadillo del brebaje, elevando tu espíritu y pronunciarás estas palabras:

"Lucifer, Belzebuth, Astaroth, prestadme vuestro infernal poder contra... (aquí pronunciarás el nombre de la persona a quien quieras causar el maleficio) Amén".

Luego marcharás en su busca, con la mirada baja y procurando no mirar de frente a las personas a quienes no quieras causar mal, y al encontrarla la mirarás de frente durante algunos minutos, exclamando mentalmente:

"¡Por vuestra virtud, Lucifer, Belzebuth, Astaroth, cúmplase mi deseo ... Amén".

Está probado que realizada esta experiencia en la forma apuntada, la persona contra la cual os hayáis dirigido, sufrirá inmediatamente los efectos de vuestro maleficio.

AGRADECIMIENTO

La brujería y la hechicería Son Artes reservadas hasta ahora solo para los eruditos, Solo para los maestros Hechiceros; para mi es muy importante compartir este conocimiento por eso, pongo a su disposición mis notas y apuntes que a lo largo de mis años de trabajo y practica Ocultista he reunido, no todo el Conocimiento es mío, este Viene del Señor quien da las condiciones para Aprender.

Estos son mis datos de Contacto en la Cd de México, Les pido compartan esta información con sus Allegados, siempre estaré atenta a sus Comentarios o dudas.

NEXTEL 49838931 CEL 5539027710 CORREO : marielamundoesoterico@hotmail.com

paginas web : www.amarresmariela.mex.tl owww.amarresmariela.com.mx

Boutique Grimorio Tel. 0155 41485494

casagrimorio@gmail.com
https://www.facebook.com/casagrimorio

www.ingramcontent.com/pod-product-compliance
Ingram Content Group UK Ltd.
Pitfield, Milton Keynes, MK11 3LW, UK
UKHW020236250726
13967UKWH00001B/403